बेला

बेला

सूर्यकान्त त्रिपाठी ‘निराला’

लोकभारती प्रकाशन

लोकभारती प्रकाशन
पहली मंजिल, दरबारी बिल्डिंग, महात्मा गांधी मार्ग
प्रयागराज-211 001

वेबसाइट : www.lokbhartiprakashan.com
ईमेल : info@lokbhartiprakashan.com

शाखाएँ : 1-बी, नेताजी सुभाष मार्ग, दरियागंज
नई दिल्ली-110 002
अशोक राजपथ, साइंस कॉलेज के सामने
पटना-800 006
1, अनमोल सोराबजी संतुक लेन, धोबी तलाव,
मरीन लाइंस, मुम्बई-400 002

पहला संस्करण : 1943
वर्तमान संस्करण : 2024

बी.के. ऑफसेट
नवीन शाहदरा, दिल्ली-110 032
द्वारा मुद्रित

BELA
by Suryakant Tripathi 'Nirala'

ISBN : 978-81-8031-810-8

मूल्य : ₹ 495

आचार्य कविवर जानकी वल्लभ को सस्नेह

आवेदन

'बेला' मेरे नये गीतों का संग्रह है। प्रायः सभी तरह के गेय गीत इसमें हैं। भाषा सरल तथा मुहावरेदार है। गद्य करने की आवश्यकता नहीं। देशभक्ति के गीत भी हैं। बढ़कर नयी बात यह है कि अलग-अलग बहरों की ग़ज़लें भी हैं, जिनमें फारसी के छन्द:शास्त्र का निर्वाह किया गया है। काव्य की कसौटी भी है। पाठकों की हिन्दी मार्जित हो जायगी अगर उन्होंने आधे गीत भी कण्ठाग्र कर लिये; यों आज भी ब्रजभाषा के प्रभाव के कारण अधिकांश जन तुतलाते हैं, खड़ीबोली के गीत खुलकर नहीं गा पाते। प्रायः सभी दृष्टियों से उनको फायदा पहुँचाने का विचार रखा है। पढ़ने पर वे आप समझेंगे।

दारागंज, प्रयाग

15 जनवरी, 1943 [1946] 'निराला'

दो शब्द

पूज्य पिता महाप्राण पं. सूर्यकान्त त्रिपाठी 'निराला' की मृत्यु गत वर्ष 15 अक्टूबर, 1961 को एक लम्बी अवधि की अस्वस्थता के साथ हुई। महाप्राण के अवसान का दिवस हिन्दी-संसार के लिए अत्यन्त शोक का दिवस माना गया। महाप्राण का एकमात्र पुत्र होने के कारण मेरे उत्तरदायित्व सहज रूप से बढ़ गये। सबसे बड़ा उत्तरदायित्व यदि था तो यह कि उनकी कृतियों के पुनर्प्रकाशन की व्यवस्था करना। कुछ प्रकाशकों ने उनकी कृतियों के प्रकाशन में जिस दरिद्रता का परिचय प्रस्तुत किया था वह महाप्राण के व्यक्तित्व के अनुरूप नहीं था, इस बात से सम्भवतः मेरे सभी शुभचिन्तकगण सहमत होंगे। अनेक कृतियों के प्रकाशकों ने पुनर्मुद्रण की भी व्यवस्था नहीं की तथा प्रचार-प्रसार के कार्य को भी स्थगित कर रखा। ऐसी परिस्थितियों में यह आवश्यक था कि महाप्राण के देहावसान के पश्चात् मैं इन त्रुटियों को अपनी दृष्टि में रखकर कुछ कार्य करूँ ताकि मेरे दायित्वों के प्रति कोई भी हिन्दी-प्रेमी उँगली न उठा सकें।

महाप्राण के देहावसान के एक वर्ष के भीतर ही मेरे निर्देशानुसार उनकी यह कृति सुन्दर सुसज्जित रूप में हिन्दी-संसार के सम्मुख प्रस्तुत हो रही है। मैं भलीभाँति इस बात से सुपरिचित हूँ कि अनेक शुभचिन्तक अनेक प्रकार की बात मेरे समक्ष प्रस्तुत करेंगे, मैं उन्हें सुझावों के लिए आमन्त्रित करता हूँ ताकि मेरा पथ-निर्देश होता रहे।

प्रस्तुत प्रकाशित कृति की आलोचना प्रस्तुत करना मेरा उद्देश्य नहीं है, इतना ही कहना पर्याप्त होगा कि इस कृति को हिन्दी के अध्येताओं ने साहित्य की उपलब्धि माना है। हिन्दी के पाठक, विद्वान् जिस प्रकार महाप्राण की कृतियों को जो सहज महत्त्व प्रदान करते रहे उसी प्रकार वे अभी भी सहयोगपूर्ण महत्त्व देते रहेंगे, ऐसी मुझे आशा है। मैं व्यक्तिगत रूप से श्री दिनेशचन्द्र, व्यवस्थापक, लोकभारती प्रकाशन का आभारी हूँ, जिनके अथक परिश्रम का ही परिणाम है कि यह पुस्तक पुनः सुन्दर रूप में प्रकाशित हो सकी।

265, बस्कीखुर्द
दारागंज, प्रयाग

—रामकृष्ण त्रिपाठी

क्रम

●

बेला

1

शुभ्र आनन्द आकाश पर छा गया,
रवि गा गया किरणगीत।
श्वेत शतदल कमल के अमल खुल गये,
विहग-कुल-कण्ठ उपवीत।

चरण की ध्वनि सुनी, सहज शंका गुनी,
छिप गये जन्तु भयभीत।
बालुका की चुनी पुरलगी सुरधुनी;
हो गये नहाकर प्रीत।

किरण की मालिका पड़ी तनुपालिका,
समीरण बहा समधीत।
कण्ठ रत पाठ में, हाट में, बाट में;
खुल गया ग्रीष्म या शीत।

2

रूप की धारा के उस पार
कभी धँसने भी दोगे मुझे?
विश्व की श्यामल स्नेह-सँवार
—हँसी हँसने भी दोगे मुझे?

निखिल के कान बसे जो गान
टूटते हैं जिस ध्वनि से ध्यान,
देह की वीणा का वह मान
कभी कसने भी दोगे मुझे?

शत्रुता से विश्व है उदास;
करों के दल की छाँह, सुवास
कली का मधु जैसा निस्त्रास
कभी फँसने भी दोगे मुझे?

वैर यह! बाधाओं से अन्ध!
प्रगति में दुर्गति का प्रतिबन्ध!
मधुर, उर से उर, जैसे गन्ध
कभी बसने भी दोगे मुझे?

3

आँखें वे देखी हैं जब से
और नहीं देखा कुछ तब से।

देखे हैं कितने तारादल
सलिल-पलक के चञ्चल-चञ्चल,
निविड़ निशा में वन-कुन्तल-तल
फूलों की गन्ध से बसे।

उषःकाल सागर के कूल से
उगता रवि देखा है भूल से;
सन्ध्या को गिरि के पदमूल से
देखा भी क्या दबके-दबके!

सभाएँ सहस्रों अब तक कीं;
वैसी आँखें न कहीं देखीं;
उपमाओं की उपमाएँ दीं,
एक सही न हो सकी सबसे!

4

स्वर के सुमेरु से झरझरकर
आये हैं शब्दों के शीकर।

कर फैलाये थी डाल-डाल
मञ्जरित हो गयी लता-माल,
वन-जीवन में फैला सुकाल,
बढ़ता जाता है तरु-मर्मर।

कानों में बतलायी चम्पा,
कमलों से खिली हुई पम्पा,
तट पर कामिनी कनक-कम्पा,
भरती है रँगी हुई गागर।

कलरव के गीत सरल शतशत
बहते हैं जिस नद में अविरत,
नाद की उसी वीणा से हत
होकर झंकृत हो जीवन-वर।

5

कैसे गाते हो? मेरे प्राणों में
आते हो, जाते हो।

स्वर के छा जाते हैं बादल,
गरज-गरज उठते हैं प्रतिपल;
तानों की बिजली के मण्डल
जगतीतल को दिखलाते हो।

ढह जाते हैं शिखर, शिखरतल;
बह जाते हैं तरु, तृण, वल्कल;
भर जाते हैं जल के कलकल;
ऐसे भी तुम बल खाते हो।

लोग-बाग बैठे ही रह गये,
अपने में अपना सब कह गये,
सही छोर उनके जो गह गये,
बार-बार उन्हें गहाते हो।

6

बीन की झंकार कैसी बस गयी मन में हमारे।
धुल गयीं आँखें जगत् की, खुल गये रवि–चन्द्र–तारे।

शरत के पङ्कज सरोवर के हृदय के भाव जैसे
खिल गये हैं पङ्क से उठकर विमल विश्राव जैसे,
गन्धस्वर पीकर दिगन्तों से भ्रमर उन्मद पधारे।

पवन के उर में भरा कम्पन प्रणय का मन्द गतिक्रम
कर रहा है समय जग को सुप्ति से जो हुआ निर्मम,
हारकर जन सकल जीते जीतकर जन सकल हारे।

भर गयी विज्ञान माया, कर गयी आलोक छाया,
छुट गयी मिलकर हृदयधन से प्रिया की प्रकृत काया,
दिग्वधू ने दन्तियों के मलिनता–मद यथा झारे।

7

नाथ, तुमने गहा हाथ, वीणा बजी;
विश्व यह हो गया साथ, द्विविधा लजी।

खुल गये डाल के फूल, रँग गये मुख
विहग के, धूल मग की हुई विमल सुख;
शरण में मरण का मिट गया महादुख;
मिला आनन्द पथ पाथ; संसृति सजी।

जलभरे जलद जैसे गगन में चले,
अनिल अनुकूल होकर लगी है गले;
नमित जैसे पनस-आम-जामुन-फले,
स्नेह के सुने गुण-गाथ, माया तजी।

8

खिला कमल, किरण पड़ी।
निखर-निखर गयी घड़ी।

चुने डली में सुथरे
बड़े-बड़े भरे-भरे,
गन्ध के गले सँवरे;
जादू की आँख लड़ी।

तारों में जीवन के
हार सुघर उपवन के,
फूल रश्मि के तन के,
यौवन की अमर कड़ी।

विरह की भरी चितवन
करुण मधुर ज्योति-पतन,
क्षीण उर, अलख-लेखन
आँखें हैं बड़ी-बड़ी।

9

बातें चलीं सारी रात तुम्हारी;
आँखें नहीं खुलीं प्रात तुम्हारी।

पुरवाई के झोंके लगे हैं,
जादू के जीवन में आ जगे हैं,
पारस पास कि राग रँगे हैं,
काँपी सुकोमल गात तुम्हारी।

अनजाने जग को बढ़ने की
अनपढ़-पड़े पाठ पढ़ने की
जगी सुरति चोटी चढ़ने की;
यौवन की बरसात तुम्हारी।

10

आये पलक पर प्राण कि
बन्दनवार बने तुम।
उमड़े हैं कण्ठ के गान,
गले के हार बने तुम।

देह की माया की जोत,
जीभ की सीप के मोती,
छन-छन और उदोत,
वसन्त-बहार बने तुम।

दुपहर की घनी छाँह,
धनी इक मेरे बानिक,
हाथ की पकड़ी बाँह,
सुरों के तार बने तुम।

भीख के दिन-दूने दान,
कमल जल-कुल की कान के,
मेरे जिये के मान,
हिये के प्यार बने तुम।

11

कुन्द-हास में अमन्द
श्वेत गन्ध छायी।
तान-तरल तारक-तनु
की अति सुघराई।

तिमिर गहे हुए छोर
खिंची हुई तुहिन-कोर,
बन्दी है भानु भोर,
किरण मुस्करायी।

पथिक की थकी चितवन
थिर होती है कुछ छन,
चलता है गहे गहन
पथ, फिर दुखदायी।

आते हैं पूजक-दल,
चुनते हैं फूल सजल,
भरती है ध्वनि से
कल वीथी, अमराई।

12

साथ न होना। गाँठ खुलेगी, छुटेगा उर का सोना।
आँख पर चढ़े, कि लड़े, फिर लड़े;
जीवन के हुए और काँस कड़े;

प्राणों से हुआ हाथ धोना। साथ न होना।
गाँठ पड़ेगी, बरछी की तरह गड़ेगी;
मुरझाकर कली झड़ेगी।

पाना ही होगा खोना। साथ न होना।
हाथ बचा जा, कटने से माथ बचा जा,
अपने को सदा लचा जा;
सोच न कर मिला अगर कोना। साथ न होना।

फूलों के कुल काँटे, दल, बल।
कवलित जीवन की कला अकल।

विष, असगुन, चिन्ता और सोच,
उकसाये, खाये बुरे लोच,
कर गये पोच से और पोच;
मुरझे तरु-जीवन के सम्बल।

नीरस फल, मुरझायी डाली,
जलहीन, सजल लोचन माली;
पल्लव-ज्वाला उर की पाली,
सुर की वाणी फूटी उत्कल।

14

उठकर छवि से आता है पल
जीवन के उत्पल का उत्कल।

वर्षा की छाया की मर्मर,
गूँजी गणिका; ध्वनि, भाव सुघर;
आशा की लम्बी पलकों पर
पुरवाई के झोंके प्रतिपल।

पंकज के ईक्षण शरद हँसी;
भू-भाल शालि की बाल फँसी;
बह चला सलिल, खुल चली नली;
सीझे दल इधर पसीजे फल।

कुन्द के दुग्ध के नयन लुब्ध;
विपरीत, शीत के त्रास क्षुब्ध;
व्यय के, अर्जन के, अर्थ मुग्ध;
फूलों से फल, तरु से वल्कल।

नैष्पत्र्य गया, पल्लव-वसन्त
आया कि मुस्कराया दिगन्त;
यौवन की लाली भरी, हन्त,
किसलय की कल चितवन चलदल

खेती का, खलिहानों का, सुख
ग्रीष्म का खुला ज्योति से सुमुख,
आकांक्षा का कुसुमित किंशुक,
निर्मल मणिजल-सलिला निस्तल।

15

हँसी के तार के होते हैं ये बहार के दिन।
हृदय के हार के होते हैं ये बहार के दिन।

निगह रुकी कि केशरों की वेशिनी ने कहा,
सुगन्ध-भार के होते हैं ये बहार के दिन।

कहीं की बैठी हुई तितली पर जो आँख गयी,
कहा, सिंगार के होते हैं ये बहार के दिन।

हवा चली, गले खुशबू लगी कि वे बोले,
समीर-सार के होते हैं ये बहार के दिन।

नवीनता की आँखें चार जो हुईं उनसे,
कहा कि प्यार के होते हैं ये बहार के दिन।

16

हँसी के झूले के झूले हैं वे बहार के दिन,
सलास वृन्तों के फूले हैं वे बहार के दिन।

जगे हैं सपनों में किरणों की आँखें मल-मलकर,
मधुर हवाओं के भूले हैं वे बहार के दिन।

कदम के उठते कहा प्रियतमा ने फूलों से,
उरों में तीरों के हूले हैं वे बहार के दिन।

पुटों में होंठों के कलियों का राज दब न सका,
सुगन्ध से खुला, सूले हैं वे बहार के दिन।

17

शशी वे थे, शश-लाञ्छन
किसी की जान हुई;
सुकेश, जैसे अधिक
कुञ्चित आनबान हुई।

विशेषता के गले नीच की
छुरी जो चली,
गुलाब जैसा खिला,
रक्तिमाभ शान हुई।

कलेजा डोला, कली की
जो पीली रेणु उड़ी,
मगर हवा सुब्ह की
भैरवी की तान हुई।

18

अशब्द हो गयी वीणा,
विभास बजता था।
अमिय-क्षरण नव-जीवन-
समास बजता था।

कलुष मिला, मनसिज की
विदग्धता फैली,
चल उँगलियाँ रुकीं डरकर
विलास बजता था।

उठी निगह कि कहाँ से
कहाँ हुए हम भी,
दिखा कि ज्योति की छाया
में ह्रास बजता था।

19

उनके बाग़ में बहार,
देखता चला गया।
कैसा फूलों का उभार,
देखता चला गया।

प्रेम का विकास वह,
आँखें चार हो गयीं,
पड़ा रश्मियों का हार,
देखता चला गया।

मैंने उन्हें दिल दिया,
उनका दिल मिला मुझे,
दोनों दिलों का सिंगार,
देखता चला गया।

असर ऐसा कि शिला
पानी–पानी हो गयी,
जवानी का पानीदार
देखता चला गया।

अमृत के घूँट वे
दुनिया ने जो पिये,
टूटी भेद की दीवार,
देखता चला गया।

20

तुम्हें देखा, तुम्हारे स्नेह के नयन देखे;
देखी सलिला, नलिनी के सलिल-शयन देखे।

प्रेम की आग बुझी, आग देह की जो लगी,
सुख के हाथ जले, दुःख के अयन देखे।

सत्य की आँख बँधी आँखमिचौनी के लिए,
सुब्हो-शाम ऐसे कामनाओं के चयन देखे।

21

निगह तुम्हारी थी,
दिल जिससे बेक़रार हुआ;
मगर मैं ग़ैर से मिलकर
निगह के पार हुआ।

अँधेरा छाया रहा,
रौशनी की माया में,
कहीं भी छाया का आँचल
न तार-तार हुआ।

वहीं नवीना सजी और
वहीं बजी वीणा,
शराबो प्याले का अब तक
न बहिष्कार हुआ।

निगह लड़ी, उठे शमशीर,
बाँके-तिरछे कटे,
गले लगे छुटे,
संसार कारागार हुआ।

22

छाये आकाश में काले–काले बादल देखे,
झोंके खाते हवा में सरसी के कमल देखे।

कानों में बातें बेला और जुही करती थीं,
नाचते मोर, झूमते हुए पीपल देखे।

दिल की बुझने के लिए नर्म–नर्म मिट्टी पर,
टूटते बाज जैसे लावों के दंगल देखे।

किसान खेतों में लड़के अखाड़ों में आये,
बारहमासी गाती हुई लड़कियों के दल देखे।

23

स्नेह की रागिनी बजी
देह की सुर-बहार पर,
वर विलासिनी सजी
प्रिय के अश्रुहार पर।

नयन हो गये हैं वे
अयन जिनका खो गया,
सुख के शयन के लिए
आये हैं असि की धार पर।

ओस से धुल गयी कली,
रवि की आँख खुल गयी,
तरुण मूर्छना जगी
विश्व के तार-तार पर।

24

अपने को दूसरा न देख,
दूसरे को अपना न कह।
सपने को कल्पना न मान,
कल्पना को सपना न कह।

आँख की आन के लिए
आन की आँख से गुजर,
तपने को बैठना सही,
बैठने को तपना न कह।

जैसे हुबाब गाँठ बाँध,
जैसे गुलाब गाँठ खोल,
आँख के लगने से सुघर
आँख को तू झपना न कह।

25

किरणें कैसी-कैसी फूटीं,
आँखें कैसी-कैसी तुलीं।
चिड़ियाँ कैसी-कैसी उड़ीं,
पाँखें कैसी-कैसी खुलीं।

रंग कैसे-कैसे बदले,
छाये कैसे-कैसे बादल,
बूँदें कैसी-कैसी पड़ीं,
कलियाँ कैसी-कैसी धुलीं।

भाई-भतीजों के संग,
नैहर को आयी हुई,
सहेलियाँ कैसी-कैसी
बगीचों में मिली-जुलीं।

कैसे-कैसे गोल बाँधे,
कैसे-कैसे गाने गाये
छड़ियों ऐसी कैसी-कैसी
कड़ियों में हिली-डुलीं;

26

जीवन–प्रदीप चेतन तुमसे हुआ हमारा,
ज्योतिष्क का उजाला ज्योतिष्क से उतारा।

बाँधी थी मूठ मैंने सञ्जय की चिन्तना से,
मुद्रा दरिद्र की है, तुमने किया इशारा।

तन्द्रा से जागरण पर क्षण–क्षण सँवारते हो,
'आओ, तुरीय में प्रिय' मृदु कण्ठ से पुकारा।

वीणा–विनिन्दित स्वर सुनकर प्रखर–प्रखरतर,
तोड़ी प्रसक्ति मैंने, छोड़ी विराम–धारा।

27

कहाँ की मित्रता, वे हँसके बोले,
न कोई जब कि दिल की गाँठ खोले।

बुरा दुश्मन से है जो जी को भाया,
खरा काँटा कली की आँख तोले।

सफाई कट गयी है चाँद की भी,
जुही के उसने जो जोबन टटोले।

गयी पत देवतापति की कि उसने
प्रिया मीरा को विष के घूँट घोले।

28

नये विचार के संसार में आया है समी।
सही, चढ़ाव को उतार से लाया है समी।

पड़े थे पैरों-तले जो उन्हें किया है खड़ा,
शरीर कैसा कि रग-रग में समाया है समी।

शराब लोहे की ऐसी पिलायी है उसने,
कि चाँदी-सोने की भी आँखों को भाया है समी।

तरंगें और बढ़ीं और उमंगें और आयीं,
जवानो, आज बुड्ढे-बुड्ढे पर छाया है समी।

29

प्रभु के नयनों से निकले कर
    ज्योति के सहस्त्रों कोमल शर।

हर गये धरा के व्याध-शत्रु,
    बह चली अमृत-जल की शतद्रु;
जीवन के मरु का छाया-तरु
    लहराया, उत्कल-जल निर्झर।

पड़ती हैं किरणें मस्तक पर,
    जग का सुख जैसे व्याकुलतर;
सामने दूर विस्तृत सागर
    स्थिर है शान्ति का स्पर्श निर्जर।

चूमते कृपा का कर चलते,
    नर बातें करते हैं छलते,
जग के जीवन से न सँभलते
    इस तरु-पत्रों की पृथ्वी पर।

30

आये हो आस के, देखते हो भरकर;
रंग के रूप के, रहते हो हरकर।

सामने बैठे हो, दीपक जलता है;
प्रिया की जोत से जीवन चलता है;
छाये हो ऐ किसलय पतझर से झरकर।

जलधि में तरी चली है वेग से;
पवन मन्द-मन्द मिला है नेग से;
जीवन पाते हो जीवन से तरकर।

31

फूल से चुन लिया ज्योति का वर अमर;
घात से सुन लिया जीवन है नश्वर।

व्यर्थ उधेड़बुन, लक्ष्य पर आँखें हैं;
चलती है हवा, अचल पाँखें हैं;
खोल दिया हृदय, बहता है निर्झर।

गुनगुनाये जा, धुन सुनाये जा,
कल जो है मरना, तू कलपाये जा;
ताल से जो तुला, रहेगा स्वर सुघर।

आँखों में आ गये, नभ पे छा गये;
सबको भा गये, खोया जो पा गये;
पाठ पुराना है, रहा सुनाना-भर।

32

बन्दीगृह वरण किया; जनता के हृदय जिया।

बहिर्जगत के निर्मम हरने के लिए नियम
साधन कितना उत्तम किया, जला दिया दिया।

उसका निर्मल प्रकाश करता है तिमिरनाश,
नारी-नर ने सहास ज्योतिर्मय अमृत पिया।

गीत से ध्वनित अन्तर, फैला फेनिल कल स्वर,
सत्य का तरंग-मुखर रहा सुघर वही जिया।

प्राणों में परम स्पन्द, भाषा में सुषम छन्द,
भरा चरण-गमन-मन्द जीवन विष-विषम लिया।

33

जिसको तुमने चाहा, आँख से मिला।
धूल से छुटा, उठकर फूल से खिला।

ओस लाज की भरी, आकाश की परी,
उड़ी हुई थककर पृथ्वी पर उतरी,
रात फूल से जो की बात, उर हिला।

रवि के कर गही बाँह, वह चढ़ी गगन,
जहाँ तक बिचरने को बिचरी सनयन,
निस्तरंग एक रूपरंग से झिला।

34

मन में आये संचित होकर,
हम जग के जीवन से रोकर।

भव के सागर के स्रोत प्रखर,
होते हैं नीचे से ऊपर,
कितनी भूमि के नेमि-प्रस्तर,
बेबस घबराये धो-धोकर।

मेघों से मँडलाये ऊपर,
छाये दिग्-देश-काल प्रान्तर;
गाये वज्र के घोरतर स्वर,
हो गये शून्य में लय खोकर।

बह गया युगों का अन्तराल,
ऋतुपुष्पों की शोभा सनाल,
ग्रह-उपग्रह के उन्मन विकाल
मग में हम जागे हैं सोकर।

हटकर छटकटकर जो उत्कल
होती है भूमि, उपल-केवल,
जग के उर्वर मरु का कृषिफल
जीवन में काटेंगे बोकर।

35

बाहर मैं कर दिया गया हूँ। भीतर, पर, भर दिया गया हूँ।

ऊपर वह बर्फ गली है, नीचे यह नदी चली है;
सख्त तने के ऊपर नर्म कली है;
इसी तरह हर दिया गया हूँ। बाहर मैं कर दिया गया हूँ।

आँखों पर पानी है लाज का, राग बजा अलग-अलग साज का;
भेद खुला सविता के किरण-व्याज का;
तभी सहज वर दिया गया हूँ। बाहर मैं कर दिया गया हूँ।

भीतर, बाहर; बाहर भीतर; देखा जब से, हुआ अनश्वर;
माया का साधन यह सस्वर;
ऐसे ही घर दिया गया हूँ। बाहर मैं कर दिया गया हूँ।

36

आने-जाने से पहले, कैसे तुम दहले?

शायद अपमान किया किसी ने,
या तुमको जान लिया किसी ने,
अथवा आने न दिया किसी ने,
कैसे इस पर कोई रह ले?

हाथ मारते फिरें, कहाँ के हैं?
ग़फ़लत से वे घिरें, जहाँ के हैं;
अपनी तरणी तिरें, यहाँ के हैं;
इनसे जैसी चाहे, कह ले।

हमारा उसूल सभी को पसन्द,
हमारी गली न खुला कोई बन्द,
हमारी किताब का न टूटा छन्द,
कैसे फिर कोई यह सह ले?

37

सबसे तुम छुटे और आँखों पर आये,
फूलों के, सुघर-सुघर शाखों पर छाये।

तुम्हें न खो दे, मन में शंका की रेखा
उठती है आलस के बल, तुमने देखा;
बंसी के रजनी-दिन राग अलापे अनगिन;
छाया के मलिन-मलिन छल पर मँडलाये।

पापों के शुद्धिकरण चारुचरण धोये,
तुम्हीं अखिलवेश-वरण विश्व-शरण रोये,
रथ के पथ पर पैदल, अपनी अञ्जलि का जल
भिक्षा से ईश-कमल गन्ध-भरे भाये।

38

काले-काले बादल छाये, न आये वीर जवाहरलाल।
कैसे-कैसे नाग मँडलाये, न आये वीर जवाहरलाल।

बिजली फन के मन की कौंधी, कर दी सीधी खोपड़ी औंधी,
सर पर सरसर करते धाये, न आये वीर जवाहरलाल।

पुरवाई की हैं फुफकारें, छन-छन ये बिस की बौछारें,
हम हैं जैसे गुफा में समाये, न आये वीर जवाहरलाल।

महँगाई की बाढ़ बढ़ आयी, गाँठ की छूटी गाढ़ी कमाई,
भूखे-नंगे खड़े शरमाये, न आये वीर जवाहरलाल।

कैसे हम बच पायें निहत्थे, बहते गये हमारे जत्थे,
राह देखते हैं भरमाये, न आये वीर जवाहरलाल।

39

टूटी बाँह जवाहर की,
रनजित-लट छूटी पण्डित की।
लोगों की निधि विधि ने लूटी,
किस्मत फूटी पण्डित की।

विद्या का गया सहारा,
गीत का गला भी मारा,
कोई भी न ला सका रन
लछमन की बूटी पण्डित की।

कब से ये दलबादल घेरे,
यह बिजली आँख तरेरे,
झण्डे ले-लेकर निकलीं
धी और बहूटी पण्डित की।

40

मृत्यु है जहाँ, क्या वहाँ विजय?
करती है क्षिति जीवन का क्षय।

सुख के उत्सव का चटुल रंग,
जैसे जल पर पंकज विभंग,
नभ के चरणों के तल मर्दित,
आलय से हो जाते हैं लय।

केशर शर, यह कलिका निषंग,
भोग के नहीं साधन-प्रसंग,
तरु की तरुणी के तीर तीक्ष्ण,
छते चुभते हैं निःसंशय।

माया का सुन्दर बिछा जाल,
जो सरल वही देखा अराल,
जग की मिथ्या से छुटने को
सत्य भी सदा भ्रम है परिचय।

41

क्या दुःख, दूर कर दे बन्धन,
यह पाशव पाश और क्रन्दन।

विष से जर्जर कर विषय, अनल
त्याग की जला निःशिख अचपल,
हों भस्म स्वार्थ के दुष्प्रसंग,
देख ले विश्व यह अभिनन्दन।

यह देख दाव में छिपी आग,
साधन घर्षण कर, जाग जाग,
मोह के तिमिर में मिहिरसदृश
तू ज्योतिर्मय जन, कर वन्दन।

दीर्घता देहदेश की छोड़,
मिथ्या अपनापन, मुँह मरोड़,
केवल चेतन तू जहाँ, वहीं
मेरा-तेरा तन-मन धन-जन।

42

चलते पथ, चरण वितत,
दीप निभा, हवा लगी,
कहाँ रहे छिपे हुए?
बाँह गही, भाग जगी।

नभ के अंगण में शशि,
ज्योत्स्ना की मायामसि
उड़ी, तमिस्त्रा की रक्षा की
राखी जो बँधी।

पहला उद्देश्य गया,
तुम्हारा ही रहा नया,
चलना किस देश कहाँ,
पीछे लगी सहज सगी।

बिजली की जोत राग
गाये हैं, भरे झाग,
टूटे मन्दिर में आ रहे,
प्रात किरण रँगी।

43

शान्ति चाहूँ मैं, तुम्हारा दुःख-कारागार है जग।
हार-झूला, नील-नभ तरु, सृष्टि झूली, सहज जगमग।

हुआ सूना हृदय दूना, याद आया चरण-छूना,
कामना की रही बाक़ी माल-पूँजी ले गये ठग।

अँखड़ियों की सजी काया कुछ नहीं, विज्ञान आया,
ओस के आँसुओं रोये, दरस करने चल पड़े पग।

44

आरे, गंगा के किनारे
झाऊ के वन से पगडण्डी पकड़े हुए
रेती की खेती को छोड़कर; फूस की कुटी;
बाबा बैठे झारे-बहारे।

हवाबाज़ ऊपर घहराते हैं,
डाक सैनिक आते-जाते हैं,
नीचे के लोग देखते हैं मन मारे।

रेलवे का पुल बँधा हुआ है,
अपना दिल है जहाँ कुआँ है,
उठने को आँख झपी, बैठे बेचारे।

पण्डों के सुघर-सुघर घाट हैं,
तिनकों की टट्टी के ठाट हैं,
यात्री जाते हैं, श्राद्ध करते हैं,
कहते हैं, कितने तारे!

बाबा साधक हैं, और कढ़े भी हैं,
खारुए की पोथियाँ पढ़े भी हैं,
आँखों में तेज है, छाया है,
उस छवि की गेह सिधारे।

45

भीख माँगता है अब राह पर
मुट्ठी-भर हड्डी का यह नर।

एक आँख आज के बानिज की
पराधीन होकर उस पर पड़ी;
कहा कला ने, कल का यह वर।

एक आँख शिक्षा की हेठी से,
देखने लगी उसे अमेठी से,
कहा, खुबलकर छोटा भूधर।

एक आँख कारीगर की गड़ी,
कहा, आदमी की यह है छड़ी,
खेदे कोई इसको लेकर।

एक आँख पड़ी महाराज की,
कहा, देख ली है स्तुति व्याज की,
मानव का सच्चा है यह घर।

एक आँख तरुणी की जो अड़ी,
कहा, यहाँ नहीं कामना सड़ी,
इससे मैं हूँ कितनी सुन्दर।

46

वेश–रूखे, अधर–सूखे,
पेट–भूखे, आज आये।
हीन–जीवन, दीन–चितवन
क्षीण आलम्बन बनाये।

तिमिर ने जब घेरकर
तुमको प्रकाश हरा तुम्हारा,
इस धरा के पार खोला द्वार
कृति ने, विश्व हारा;
जग गयी जनता, हुए लुण्ठित
मुकुट, जीवन सुहाये।

प्यास पानी से बुझाने को
बुझायी रक्त से जब
आँख से आया लहू
लोहा बजाया शक्त से जब,
रुण्डमुण्डों से भरे हैं खेत
गोलों से बिछाये।

47

तू कभी न ले दूसरी आड़,
शत्रु को समर जीते पछाड़।

सैकड़ों फलेंगे फूलेंगे,
जीवन ही जीवन भर देंगे,
झरने फूटेंगे उबलेंगे,
नर अगर कहीं तू बन पहाड़।

तेरी ही चोटी पर चढ़कर
देखेंगे लोग दृश्य सुन्दर,
उतरेंगे रवि-शशि के शुचि कर,
नीचे से ऊँचा सर उभाड़।

हिम का किरीट होगा उज्ज्वल,
बदलेंगे रंग-पीठ प्रतिफल,
जल होगा जीवन का सम्बल,
पदतल शत सिंहों की दहाड़।

48

छला गया, किरनों का प्रकाश कैसे करे?
विरज नहीं, रज से रजत-हास कैसे करे?

सरोरुहों के उरोजों की चाल बल खाया
धवल-पुरी-पुर-परिसर विलास कैसे करे?

अबल दशा, दबकर, रूप देखते रहते,
गिरते-गिरते गिरकर अट्टहास कैसे करे?

रहे प्रभास, मगर उच्छला कला, खरतर,
तरुण-नयन वय में शर-निवास कैसे करे?

49

विनोद प्राण भरे,
आनबान रहने दे।
मिटा न दे जब तक तीर,
शान रहने दे।

कहीं की खूबियों से
नाज़ का पड़ा पाला,
सितार रहने दे,
आलाप-तान रहने दे।

मिला गला, जनगीतों को
राग जो बदला
धुली वितान-मुकुल-सुकुल
कान रहने दे।

बुराई छोड़, किसी की
भलाई कर या न कर,
ज़मीं रहने दे, जा रहने दे,
जान रहने दे।

50

चढ़ी हैं आँखें जहाँ की; उतार लायेंगी।
बढ़े हुओं को गिराकर सँवार लायेंगी।

समाज ने सर उठाया है, राज़ बदला है,
सलास वे पतझर से बहार लायेंगी।

लड़ी हैं जब समझौता नहीं हुआ उनका,
बदलती लोगों को सुख का सिंगार लायेंगी।

युगों का ज़ोर उन्हीं का रहा, वही जीतीं,
निदाघ से बरखा की फुहार लायेंगी!

उगी खेती लहरायी, हवा और बदली है,
मिले बढ़े चलें, ऐसा विचार लायेंगी।

51

वह चलने से तेरे छुटा जा रहा है।
इसी सोच से दम घुटा जा रहा है।

तेरे दिल की .कीमत चुकाने से पहले,
तरह पानी की वह फुटा जा रहा है!

पता उसकी दुनिया का कैसे लगायें,
सितारे-सितारे टुटा जा रहा है।

यह क्या मौज है रूप से, रंग से भी,
लिये जा रहा है, लुटा जा रहा है।

ललककर किसी से कभी जो न लिपटा,
मेरा धान जैसा कुटा जा रहा है।

52

किनारा वह हमसे किये जा रहे हैं।
दिखाने को दर्शन दिये जा रहे हैं।

जुड़े थे सुहागिन के मोती के दाने।
वही सूत तोड़े लिये जा रहे हैं।

छिपी चोट की बात पूछी तो बोले
निराशा के डोरे सिये जा रहे हैं।

जमाने की रफ्तार में कैसा तूफ़ाँ,
मरे जा रहे हैं, जिये जा रहे हैं।

खुला भेद, विजयी कहाये हुए जो,
लहू दूसरे का पिये जा रहे हैं।

53

मुसीबत में कटे हैं दिन,
मुसीबत में कटी रातें।
लगी हैं चाँद-सूरज से
निरन्तर राहु की घातें।

जो हस्ती से हुए हैं पस्त,
समझें हैं वही क्या हैं,
गुज़रती ज़िन्दगी के साथ
हरकत से भरी बातें।

कड़ाई से दबी है कोमला,
यह माजरा, सच है-
झपटने के लिए बलि पर
सिकुड़ती हैं बली आँतें।

सुखों की सोयी दुनिया में
जगी जो वह भी ग़फ़लत है,
कहाँ हैं गेह की बातें,
कहाँ हैं स्नेह की मातें।

54

गिराया है ज़मीं होकर, छुटाया आसमाँ होकर।
निकाला, दुश्मनेजाँ; और बुलाया, मेहरबाँ होकर।

चमकती धूप जैसे हाथवाला दबदबा आया,
जलाया गरमियाँ होकर, खिलाया गुलसिताँ होकर।

उजाड़ा है कसर होकर, बसाया है असर होकर,
उखाड़ा है रवाँ होकर, लगाया बाग़बाँ होकर।

घटा है भाप होकर जो, जमा है रंगोबू होकर,
अधर होकर जो निकला है, समाया है समा होकर।

चढ़ाया है निडर होकर, उतारा है सुघर होकर,
रमा होकर रमाया है, सताया है अमा होकर।

बड़ों को गिरने से रोका, ऐसी आँखें लड़ायी हैं,
सभी उपमाएँ ले ली हैं, न होकर, निरुपमा होकर।

55

नहीं देखे हैं पर केवल, कवल से छुटते शर देखे।
अँधेरे में जगे हैं रात, दिन को कर-निकर देखे।

उतरती धूप से खुलकर कली की ओस से चमके
न चूमे बिम्ब विहगों के सुकेशा के अधर देखे।

जिन्होंने ठोकरें खायीं ग़रीबी में पड़े, उनके
हज़ारों-हा हज़ारों हाथ के उठते समर देखे।

गगन की ताक़तें सोयीं, जहाँ की हसरतें रोयीं,
निकलते प्राण बुलबुल के बग़ीचे में अगर देखे।

अलख किरनें अँधेरे के उपद्रव से निकलती हैं,
कृपा के जैसे कोमल कर नहीं देखे, मगर देखे।

नहीं झेली झिली ऋतु की प्रगति, हम देखते आये,
विजन देखे, विपिन देखे, बसे हँसते नगर देखे।

जमाते रह गये लेकिन ज़माने को नहीं भाये
यहाँ कितने अजर देखे, वहाँ कितने अमर देखे।

पुराने घाट पर चढ़ता नया पानी बदलता है
निकलते शब्द जैसे निस्तला के सरबसर देखे।

56

पड़े थे नींद में उनको प्रभाकर ने जगाया है।
किरन ने खोल दीं आँखें, गले फिर-फिर लगाया है।

हवा ने हल्के झोंकों से प्रसूनों की महक भर दी,
विहंगों ने द्रुमों पर स्वर मिलाकर राग गाया है।

तितलियाँ नाचती उड़ती रँगों से मुग्ध कर-करके।
प्रसूनों पर लचककर बैठती हैं, मन लुभाया है।

प्रवासी दूर के परिचित किसी से मिलने को आतुर
प्रकृति ने स्वर्ण-केशर से वसन जैसे रँगाया है।

कलोलों के भरे, देखा, सकल जलचर बराती हैं,
नदी का सिन्धु ने संवेद से गौना कराया है।

57

अगर तू डर से पीछे हट गया तो काम रहने दे।
अगर बढ़ना है अरि की ओर तो आराम रहने दे।

बिगड़कर बनते और बनकर बिगड़ते एक युग बीता,
परी और शाम रहने दे, शराब और जाम रहने दे।

अगर ज़र्रे को ज़र कर तू, बड़े मूज़ी को सर कर तू,
ज़माने से बिगड़कर चलता हो वह नाम रहने दे।

न पड़ जाये तो क्या परदा; न गड़ जायें तो क्या आँखें,
धनी से वाम होने को धनी का धाम रहने दे।

नज़ीरें क्या पुरानी दे रहा है, फ़ैसला किसका?
पुराने दाम रहने दे, पुराने याम रहने दे।

58

आँख के आँसू न शोले बन गये तो क्या हुआ?
काम के अवसर न गोले बन गये तो क्या हुआ?

जान लेने को ज़मीं से आसमाँ जैसे बना,
काठ के ठोंके न पोले बन गये तो क्या हुआ?

पेच खाते रह गये ग़ैरों के हाथों आज तक,
पेच में डालें, न चोलें बन गये तो क्या हुआ?

नींद से जगकर बला की आफ़तों के सामने
जी से घबराये, न तोले बन गये तो क्या हुआ?

धार से निखरे हुए ऋतु के सुहाये बाग़ में
आम भरने के न झोले बन गये तो क्या हुआ?

59

भेद कुल खुल जाय वह
सूरत हमारे दिल में है।
देश को मिल जाय जो
पूँजी तुम्हारी मिल में है!

हार होंगे हृदय के
खुलकर सभी गाने नये,
हाथ में आ जायगा
वह राज़ जो महफ़िल में है।

तर्स है यह, देर से
आँखें गड़ी शृंगार में,
और दिखलायी पड़ेगी
जो गुराई तिल में है।

पेड़ टूटेंगे, हिलेंगे,
ज़ोर की आँधी चली,
हाथ मत डालो, हटाओ
पैर, बिच्छू बिल में है।

ताक़ पर है नमक-मिर्चा,
लोग बिगड़े या बने,
सीख क्या होगी परायी
जब पिसायी सिल में है।

राह पर बैठे, उन्हें आबाद तू जब तक न कर।
चैन मत ले, ग़ैर को बरबाद तू जब तक न कर।

पैर उखाड़े रह क़ज़ा के, हाथ जब तक चलता है,
बैठने मत दे किसी को, याद तू जब तक न कर।

रोक रहजन को प्रगति का, फेर से, बाधक जो है
दर-बदर भटका उसे, मर्याद तू जब तक न कर।

अडिग डग से भूमि जल-नभ पर फिरे जीवन नहीं,
दुर्दशा को सिंहिनी की माँद तू जब तक न कर।

बदल शिक्षा-क्रम, बना इतिहास सच्चा, दम न ले,
सज्जनों को प्रगति-पद प्रह्लाद तू जब तक न कर।

सेठ होने को किसी की गठरियाँ लेकर न चल,
मान है अपमान को मनुजाद तू जब तक न कर।

स्वर विवादी ही लगा, गाना सुनाना हो जहाँ,
साथ से हर वाद का उन्माद तू जब तक न कर।

सूत सुलझा मत विदेशी देश के खातिरजमा,
हाथ धो ले, वयन को अपवाद तू जब तक न कर।

उलट तख्ता उपज की ताक़त बढ़ाने के लिए,
डाल मत खेतों में अपनी खाद तू जब तक न कर।

बेंबुलाये आ बिराजे, आज तक सबने कहा,
बीन मत छू ज्ञान की, उस्ताद तू जब तक न कर।

घर बसाने को, समझ तू, अपनों ने चरक़े दिये;
नभ बना रह, रहन की बुनियाद तू जब तक न कर।

61

विजयी तुम्हारे दिशामुक्ति से प्राण।
मौन में सुघरतर फूटे अमर गान।

ताप से तरुण आकाश घहरा गया,
घनों में घुमड़कर भरा फिर स्वर नया,
विद्युत्-प्रभा कौंधती रही निर्भया,
सृष्टि ने सानन्द किया नव-जल-स्नान।

कार्य पर शक्ति पाकर सभी जन बढ़े,
अर्थ के गर्त में सर्प जैसे पड़े
धनिक जन सजग होकर हुए हैं खड़े,
देश को दे रहे हैं देह-धन-मान।

62

जल्द–जल्द पैर बढ़ाओ, आओ, आओ!

आज अमीरों की हवेली
किसानों की होगी पाठशाला,
धोबी, पासी, चमार, तेली
खोलेंगे अँधेरे का ताला,
एक पाठ पढ़ेंगे, टाट बिछाओ।

यहाँ जहाँ सेठ जी बैठे थे
बनिये को आँख दिखाते हुए
उनके ऐंठाये ऐंठे थे
धोखे पर धोखा खाते हुए,
बैंक किसानों का खुलाओ।

सारी सम्पत्ति देश की हो,
सारी आपत्ति देश की बने,
जनता जातीय वेश की हो,
वाद से विवाद यह ठने,
काँटा काँटे से कढ़ाओ।

63

राजे दिनकर जैसे,
बिचरे नर पृथ्वी पर,
सकल-सुकृत-भार-भरण
हुए, वरण लाजे।

ऋतु के सहकार तरुण
किसलय - दल - मञ्जरि - फल,
सुषमा-सुख-शील-नील
जल-कुवलय छाजे।

अनिला के छूते पल
हुए सकल सुमन चपल,
शुक - सारिक - पारावत
भ्रमरावलि गाजे।

वधू मधुर-गति यमुना-
जल लेकर चली; मिली
ललित अप्सरा अपरा-
जिता नयन राजे।

64

जग के, जय के, जीवन,
शोभा के पतनु, प्रमन,
करुणायन, कोटि–मयन,
दीनों के दुरित–शमन।

गुञ्जित–कलि–माल–मधुर
शत–छवि–निन्दक–हरिदुर
गन्ध– मन्द – मोदित – पुर,
नन्दन - आनन्द - गमन।

शायित जन जगे सकल,
कला के खुले उत्पल,
निरत हुए विरत अकल,
विश्व के तरण–तारण।

65

प्रतिजन को करो सफल।
जीर्ण हुए जो यौवन,
जीवन से भरो सकल।

नहीं राजसिक तन-मन,
करो मुक्ति के बन्धन,
नन्दन के कुसुम-नयन
खोलो मृदु-गन्ध विमल।

जागरूक कलरव से
भरें दिशाएँ स्तव से,
सरसी के नव, नव से,
मुँदे हुए खुलें कमल।

रँगे गगन; अन्तराल,
मनुजोचित उठे भाल,
छल का छुट जाय जाल,
देश मनाये मंगल।

66

साधना आसन हुई संसार के व्यापार में।
सत्य की अनवद्यता से आ गये विस्तार में।

बात की आयी, उठीं आँखें, न कोई सम दिखा,
तुल गये पथ पार करने पर नुकीले वार में।

कामना की किरन की तेज़ी मलिन पड़ती गयी,
सृष्टि का धन खुल गया, भूला अखिल के प्यार में।

सिन्धु उमड़ा पूर्णिमा के चन्द्र से जैसे, बढ़े,
स्रोत से सब धो गये आये हुए प्रस्तार में।

67

तुमसे (मिले) मेरे प्राण गान के;
रचना के दल, रञ्जन-गीले,
गन्ध - भाव - फैले,
अमन्द छन्दों रखते डग,
तरलतर तान।

प्रिया साथ;
वीथियाँ विविध बातों से कटतीं,
खिले गुलाब-मिले,
कलि-कलि के अधर-सजे,
केशर के वेशों के वर वितान।

68

अन्तस्तल से यदि की पुकार,
सब – सहते साहस से बढ़कर
आयेंगे, लेंगे भी उबार।

विज्ञान झुकायेगा आँखें;
वायुयान की पीछे पाँखें;
सुलझेंगी मन–मन की माखें;
ज्योतिर्जग का होगा सुधार।

सादा भोजन, ऊँचा जीवन
होगा चेतन का आश्वासन;
हिंसा को जीतेंगे, सज्जन;
सीधी कपिला होगी दुधार।

अपने ही पैरों ठहरेंगे;
अपनी ही गरजों घहरेंगे;
अपनी ही बूँदों छहरेंगे;
अपनी ही रिमझिम तू–तुकार।

छूटेगी जग की ठग–लीला;
होंगी आँखें अन्तःशीला;
होगा न किसी का मुँह पीला;
मिट जायेगा लेना उधार

69

ऐंड़ ली, तिरछी छबि की मान।
तम के अपर पार सजधजकर
आया ज्योतिर्यान।

हाथ मिलाकर साथ खिलाकर
देह हिलाकर स्नेह दिलाकर
बँध रहने के खुले हृदय से
उतरे सहज अजान।

छिपकर चलते - पग कपकपकर
जगते लोग रहे झपझपकर;
व्यर्थ गये अब तक के उनके
जितने भरे उठान।

70

आये नतवदन शरण
जग के उद्धत जनगण
कठिन समर के कारण
शत - शत वारण - वारण।

गृह के खुल गये काज;
अपर्नो से मिटी लाज;
मंगल के साजे साज;
धुला, हुआ निर्मल मन।

अपने बाज़ार चले;
अपने अधिकार जले;
देश - विश्व मिले गले;
हुए परस्पर पावन।

71

अति सुकृत भरे
जो सहज करे,
जल – स्थल – नभ पर
निर्भय विचरे।

शशि से उतरे,
रस पर छहरे,
पत्तों में ध्वज-
पताक फहरे,
आँखों में हरियाली
लहरे,
जीवन रस की
प्याली ठहरे।

तरुणाई की
लपटें फूटें,
पापों के बढ़ते
दिल टूटें,
इल्लत की सहज
लतें छूटें,
पहले की नम
धरती हहरे।

72

सहज चाल चलो उधर।
छिपा हुआ जाय उघर।

चाँदी की हँसी हँसे जो, अपने आप फँसे,
बन्द-बन्द खुले, गँसे बन्धन के छन्द सुघर।

खुली हवा में जीवन बहे सदा निर्वेदन;
भरें सुमन-फल वन-वन; देश और हो सुन्दर।

एक-एक प्राण चलें जहाँ चराचर न मलें,
हाथ, आँख से न छलें मिले अनाकामित वर।

73

लू के झोंकों झुलसे हुए थे जो,
भरा दौंगरा उन्हीं पर गिरा।
उन्हीं बीजों के नये पर लगे,
उन्हीं पौधों से नया रस झिरा।

उन्हीं खेतों पर गये हल चले,
उन्हीं माथों पर नये बल पड़े,
उन्हीं पेड़ों पर नये फल फले,
जवानी फिरी जो पानी फिरा।

पुरवा हवा की नमी बढ़ी,
जुही के जहाँ की लड़ी कढ़ी,
सविता ने क्या कविता पढ़ी,
बदला है बादल से सिरा।

जग के अपावन धुल गये,
ढेले गढ़नेवाले थे घुल गये,
समता के दृग दोनों तुल गये,
तपता गगन घन से घिरा।

74

आँख से आँख मिलाओ,
उनका डर छोड़ो।
पार करके नयी दुनिया
अपना घर छोड़ो।

नोक से काँटा निकाला है
जहाँ भी देखा;
काँटे से नोक निकल जाय,
काम कर छोड़ो।

आँसू की धार बहाते रहे;
अच्छा ही किया;
धार के आँसू बहाकर
अपने पर छोड़ो।

75

बदलीं जो आँखें, इरादा बदल गया।
गुल जैसे चमचमाया कि बुलबुल मसल गया।

यह टहनी से हवा की छेड़छाड़ थी, मगर
खिलकर सुगन्ध से किसी का दिल बहल गया।

ख़ामोश फ़तह पाने को रोका नहीं रुका,
मुश्किल मुकाम, ज़िन्दगी का जब सहल गया।

मैंने कला की पाटी ली हैं शेर के लिए,
दुनिया के गोलन्दाजों को देखा, दहल गया।

76

दोनों लताएँ आपके बाजू-बाजू खिलीं;
ख़ुशबू की सैकड़ों 'बाँहों' गले-गले मिलीं।

दिल को तमाशाई बनाया दोनों जहाँ में
जिसने उसी की आँखों के इशारे से हिलीं।

फूलों ने पत्तों के जो मारे पर, आयी बहार;
चिड़ियों की छिड़ीं तानें, हवा की पैंगें झिलीं।

77

संकोच को विस्तार दिये जा रहा हूँ मैं;
छन्दों को विनिस्तार दिये जा रहा हूँ मैं।

प्रस्तार को प्रस्तार दिये जा रहा हूँ मैं,
जैसे विजय को हार दिये जा रहा हूँ मैं।

उड़ जाने को हवा के साथ खेला-खेलाया
हलका जो उसको वार दिये जा रहा हूँ मैं।

क्या छोरों पर कला की साड़ी के, लगाये हंस,
हस्ती को गुल हज़ार दिये जा रहा हूँ मैं।

उपवन में शायरी के मेरे शब्द यों आये,
जैसे फूलों को भार दिये जा रहा हूँ मैं।

दुनिया के शायरों की किताबों में जो आयी
उस युवती को सिंगार दिये जा रहा हूँ मैं।

उतरी हैं आपसे जो कलाएँ यहाँ, कहा,
उन किरणों को निखार दिये जा रहा हूँ मैं।

युग को किया सुरूप दुनिया की आँखों में,
गोया मदन को प्यार दिये जा रहा हूँ मैं।

78

मिट्टी की माया छोड़ चुके
जो, वे अपना घट फोड़ चुके।

नभ की सुदूरता से ऊँचे
जीवन के क्षण अब हैं छूँछे,
आकर्षण के अभियानी के
गतिक्रम को जब वे तोड़ चुके।

देशों की पुण्यवीथिका की
जिन लोगों ने बाँधी राखी,
वे उस सुख से हटकर, रुककर
निश्छल अपने मुख मोड़ चुके।

जो रूप-मोह से हुआ दूर,
जो युद्ध जीतकर हुआ शूर,
उनकी मानवता से दानव
अपना जीवन-क्रम जोड़ चुके।

हँसते-हँसते वे चले गये,
उनके विरोध के छले गये,
संसृति की रक्षा के न रहे,
वे अपनी रेखा गोड़ चुके।

79

वही राह देखता हूँ, हँस-हँसकर;
आती है धूप, छाँह लस-लसकर।

कितने आते हैं, सुघराई छहराते हैं;
खुले हुए भावों के झण्डे फहराते हैं;
गली-गली गीत उन्हीं के लहरे खाते हैं;
अपने बन जाते हैं बस-बसकर।

जड़ता तामस, संशय, भय, बाधा, अन्धकार,
दूर हुए दुर्दिन के दुःख; खुले बन्द द्वार,
जीवन के उतरे कर; आँखों को दिखा सार;
छुई बीन नये तार कस-कसकर।

त्याग तप, व्रत की शिक्षा ली, सँभले जनगण;
पीठ न दी अरि को, निःशरण किया मृत्यु-वरण;
इसी भाव से आया जीवन का सिन्धु-तरण;
निकले मानव गृह से फँस-फँसकर।

80

बिना अमर हुए यहाँ काम न होगा।
बिना पसीना आये नाम न होगा।

मुक्ति के गुलाब न चटकेंगे;
बढ़-बढ़कर छन-छन अटकेंगे-
लोग सचाई को भटकेंगे,
धन के धारण का जब धाम न होगा।

चढ़ा राग पिनपिन होगा जब,
तार क्षीण अनुदिन होगा तब,
मलिन मान अमलिन होगा जब
जनने को जनता का वाम न होगा।

81

साहस कभी न छोड़ा, आगे क़दम बढ़ाये।
पट्टी पढ़ी कब उनकी, झाँसे में हम कब आये?

पानी पड़ा समय पर, पल्लव नवीन लहरे,
मौसम में पेड़ जितने फूले नहीं समाये।

महकें तरह-तरह की, भौंरे तरह-तरह के,
बौरे हुए विटप से लिपटे, वसन्त गाये।

कलरव-भरे खगों के आवास-नीड़ सोहे,
मन साधिकार मोहे, कितने वितान छाये।

जिनसे फला हुआ है यह बाग़ क़ौम का, हम;
हमसे मिले हुए वे आये बसे, बसाये।

जो झुर्रियाँ पड़ी थीं गालों पर आफ़तों की
उनको मिटा दिया है, रस के अधर, हँसाये।

82

किसकी तलाश में हो इतने उतावले-से?
दुनिया ने मुँह चुराया सायास बावले से।

खींचे बग़ैर नभ से झरता नहीं शिशिर-कण;
तेल आँच जब न खाया निकला कब आँवले से?

बहुतों ने राह तै की, सँभले न पैर फिर भी;
जैसा दिखा था पहले, देखा न काँवले से।

आया मज़ा कि लाखों आँखों से दम घुटा है,
पटली है बैठने को गोरे की साँवले से।

83

सारे दावपेच खुले पेचीदगी आने पर।
यार गिरफ़्तार हुआ ख़ून के बहाने पर।

छिपी हुई बात खुली, जो न गये, जान गये,
आये, पीटा किये सिर, लाख-लाख पाने पर।

बेबसी के परदे पे खुला जमाने का रंग,
लोगों में प्रसिद्ध वही लापता है थाने पर।

भाप से जो पानी उड़ा, बादलों में बरसा है,
आदमी का खोया हुआ रखा मालख़ाने पर।

इतना ही रहे अयाँ, कहाँ तक हो और बयाँ,
शाप को भी आना पड़ा पाप के न जाने पर।

84

अगर समस्त-पदों का किसी को डर होता,
तो हाथ-पैरोंवाला भी न कहीं सर होता।

कहाँ रहा है कौन ख़ब्र ले आने के लिए
न घर होता, न नभ होता, न कबूतर होता।

कली न खिलती समीरण से खेलने के लिए,
न मन्द गन्द में कलेजा ताज़ा-तर होता।

चढ़े हुए जन ऐसे जग से न रूठे होते,
न हाथ बढ़ते, न गिरते, न आया वर होता।

होती अनहोनी एक बिगड़ी बात बन जाती,
जवानी चढ़ती, आँखों से उतरता कर होता।

85

माया की गोद, खेलता है चराचर तेरा,
न लगा हाथ, कैसा भर गया सागर तेरा।

रच गये तलवे, हथेलियाँ और नाख़ून कैसे,
आप लाली सुहायी ऐसा महावर तेरा।

भटके दर–दर, जिन्होंने सीधा रास्ता छोड़ा;
बल से पकड़ा है, तभी छलका है सागर तेरा।

उल्टे पैरों लौटे द्वैत छोड़ने के लिए,
देखी नगरी तेरी, रम गया नागर तेरा।

86

यह जीने का संग्राम जो करते हुए चले।
पहले के रहे दाम जो भरते हुए चले।

दम लेता कौन वार होते ही रहे जहाँ,
जीते हुए भी लोभ से हरते हुए चले।

आया यही विचार कि यह कौन सज़ा है,
जो अमर है संसार में मरते हुए चले!

क़िस्सा सुनाने को हुए तो बोले, दरक़िनार;
हम डूबे पारावार में तरते हुए चले।

ऐसा मिला है शाप कि ये बड़े आदमी
कहलाते हुए, आपसे डरते हुए चले।

87

मन हमारा मग्न दुख की
दुर्धरा में हो गया।
कुछ न था तब लग्न वह
विश्वम्भरा में हो गया।

इन्द्र के अनुचर घनों ने,
प्रलय की, तो डूबकर
जन्म पाया जलधि में,
फिर अप्सरा में हो गया।

गीत गाये घुमड़कर
घन में मगर घातक बना
प्रथम अपना, मोह जब
मेघाम्बरा में हो गया।

कष्ट पाये बहुत यों
गमनागमन से, तब कहीं
ऋषि अगस्त्य बना, अलौकिक
निष्करा में हो गया।

विश्व को वैषयिकता से
सीख देने के लिए
देह छोड़ी स्नेह से
ज्योतिस्सरा में हो गया।

88

समर करो जीवन में,
जन के लिए कभी
पीछे न रहो गण के मन हे विदेश को न वरो।

बढ़े हाथ रोको न लुटो
रोटी के कारण
मारण तक लो अमर सदा स्मरगरल हे हरो।

मरो सत्य पर अविकल
शर की तरह मारकर,
छल छाया से तरो, न भय से तुम विदेश विचरो।

89

तुम हो गतिवान जहाँ,
तुमको पृथ्वी पर जल,
फलदल, गोदुग्ध धवल,
मिले खेत, खान, धान।

तापस के वेश रहे
कहे कौन क्या देखे
योग से बही यमुना
अथवा गंगा, महान।

उगा दूसरा ही रवि
अब के कवि ने देखा,
बचने से चले हाथ,
साथ पड़ी छुटी बान।

90

रहे चुपचाप मन मारकर हाथ पर
हाथ रखकर; गयी अपनी सही नाप।

विश्व की विकलता अनुपम शकुन्तला
रह गयी, दिग्देश ऋषि का लगा शाप।

साहस गया, बदलते रहे दिवस-छन,
लग गया ग्रीष्म यह युग का बढ़ा ताप।

प्रशमन जहाँ अखिल चेतन सुरसराशि
पहुँची अकाल तक मन की उड़ी भाप।

91

पग आँगन पर रखकर आयी।

पल्लव-पल्लव पर हरियाली फूटी, लहरी डाली-डाली,
बोली कोयल, कलि की प्याली मधु भरकर तरु पर उफनायी।

झोंके पुरवाई के लगते, बादल के दल नभ पर भगते,
कितने मन सो-सोकर जगते, नयनों में भावुकता छायी।

लहरें सरसी पर उठ-उठकर गिरती हैं सुन्दर-से-सुन्दर,
हिलते हैं सुख से इन्दीवर, घाटों पर बढ़ आयी काई।

घर के जन हुए प्रसन्न-बदन अतिशय सुख से छलके लोचन,
प्रिय की वाणी का आमन्त्रण लेकर जैसे ध्वनि सरसायी।

92

उन्हें न देखूँगा जीवन में।
तुम्हीं मिले, भरा रहे मन में।

जग के कामो में,
राहों में, ग्रामों में,
झोंपड़ियों में या धवल धामों में
तुम्हीं बँधी-मूठोंवाले जन में।

गली – गली हाथ पसारे
फिरते हैं जो मारे – मारे
भिन्न-भिन्न भाव के किनारे,
तुम्हारे न हुए कभी धन में।

धूल जहाँ सोने की,
गयी बात रोने की,
खुली ज़िन्दगी सुख होने की,
तनुता बढ़कर आयी तन में।

93

खुल गया दिन खुली रात,
विरह की बात गयी अब।
रूप खिले मिले अधर कली के,
नयनों की बरसात गयी अब।

सागर की उठती हैं हिलोरें,
नयनों की बढ़ जाती हैं कोरें,
भँवरों-भरी छूटती हैं मरोरें,
पहले की पीली गात गयी अब।

उनके नयनों से जो लुटे हैं,
आज उन्हीं के हाथ उठे हैं;
कैसे नये-नये तीर छुटे हैं,
मौत की गोंठिल घात गयी अब।

94

अहरह तुम्हारे न जो प्राण, हारे।

धूल उन पर पड़ी,
गयी सुख की घड़ी,
टूटी सजी कड़ी, छूटे सहारे।

रंग उनका उड़ा,
कलुष आकार जुड़ा,
सत्य से जों मुड़ा, मन रहे मारे।

रह गये वे दास
निष्फल निराश्वास
रुक गया उच्छ्वास तट के किनारे।

95

कैसी यह हवा चली। तरु-तरु की खिली कली।

लगने को कामों में जगे लोग धामों में,
ग्रामों ग्रामों में चल पड़े बड़े-बड़े बली।

जान गये जान गयी, खुली जो लगी कलई,
उठे मसुरिया, बलई भगे बड़े-बड़े छली।

अपना जीवन आया, गयी परायी छाया,
फूटी काया-काया, गूँज उठी गली-गली।

●